I0605645

Los astronautas

Heather Kissock

LIGHTBOX
openlightbox.com

Entre a
www.openlightbox.com
e ingrese el código único
de este libro.

CÓDIGO DE ACCESO

LBXW9268

Lightbox es una completa solucióndigital para enseñar y aprender temas curriculares de una manera original e innovadora. Lightbox se basa en las Normas Curriculares Nacionales.

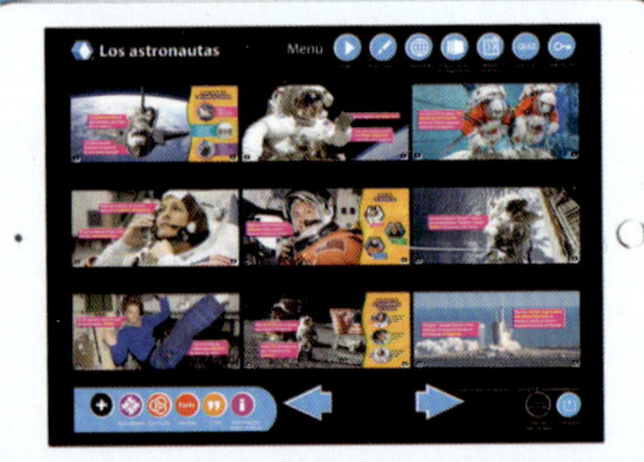

OPTIMIZADO PARA

- ✓ TABLETAS
- ✓ PIZARRAS ELECTRÓNICAS
- ✓ COMPUTADORAS
- ✓ ¡Y MUCHO MÁS!

CARACTERÍSTICAS ESTÁNDAR DE LIGHTBOX

- **AUDIO** Narraciones de alta calidad con sistema de texto a voz
- **VIDEOS** Videoclips de alta definición incorporados
- **ACTIVIDADES** PDFs imprimibles que pueden enviarse por correo electrónico y calificarse
- **ENLACES WEB** Enlaces cuidadosamente seleccionados con recursos seguros para niños
- **PRESENTACIÓN EN DIAPOSITIVAS** Ilustraciones gráficas de los conceptos clave
- **MAPAS INTERACTIVOS** Mapas interactivos e imágenes satelitales aéreas
- **CUESTIONARIOS** Diez preguntas de elección multiple con puntaje automático que se envían por correo electrónico al docente para su evaluación
- **PALABRAS CLAVE** Combinación de los conceptos clave con sus definiciones

RECURSOS SUPLEMENTARIOS

- **COMPARTE** Comparte títulos dentro de tu Sistema de Gestión de Aprendizaje (LMS) o Sistema de Circulación de Bibliotecas
- **CURRÍCULO** Encuentre correlaciones curriculares Nacionales y Estatales.
- **CITAS** Crea referencias bibliográficas siguiendo los estilos de APA, CMOS y MLA

VIDEOS

ENLACES WEB

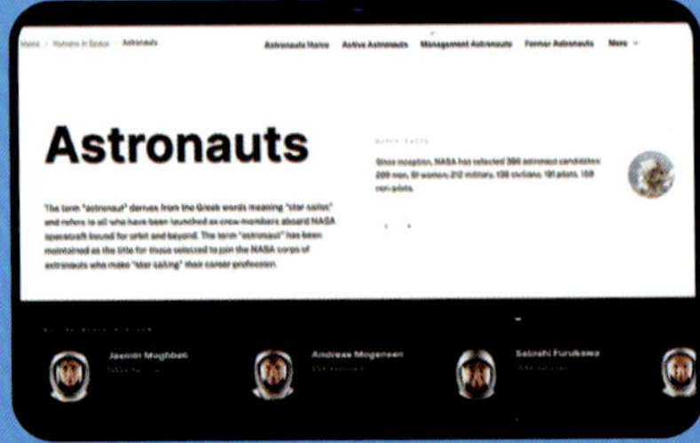

PRESENTACIÓN EN DIAPOSITIVAS

CUESTIONARIOS

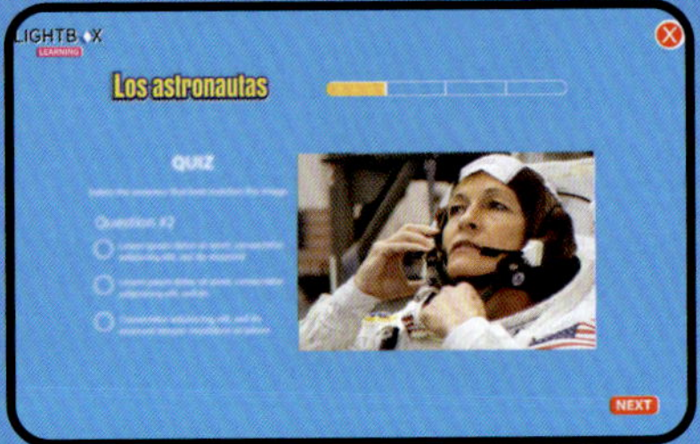

Este título está incluido en nuestra suscripción digital de Lightbox

Suscripción en español de K–5 por 1 año
ISBN 978-1-5105-5935-6

Accede a cientos de títulos de Lightbox con nuestra suscripción digital.
Regístrate para una prueba **GRATUITA** en **www.openlightbox.com/trial**

Se garantiza que los componentes digitales de este libro estarán activos por al menos cinco años desde la fecha de publicación.

Los astronautas

CONTENIDOS

2 Código de acceso a Lightbox
4 Exploradores del espacio
6 Trajes especiales
8 La práctica hace la perfección
10 El trabajo del comandante
12 En el asiento del conductor
14 Estudiando el espacio
16 Flotando por todas partes
18 Astronautas en el espacio
20 El lanzamiento
22 Datos sobre los astronautas

Un **astronauta** es una persona que viaja por el espacio.

Los astronautas exploran el espacio en una nave espacial.

NAVES ESPACIALES TRIPULADAS DESTACADAS

Apolo 11
- Lanzamiento: 1969
- Desde: Centro Espacial Kennedy, Florida

Estación Espacial Internacional
- Lanzamiento: 1998
- Desde: Cosmódromo de Baikonur, Kazajistán

Dragón 2 de SpaceX
- Lanzamiento: 2020
- Desde: Centro Espacial Kennedy, Florida

En el espacio **no hay aire**.

Los astronautas usan un **traje especial** con aire para respirar.

Los astronautas pasan **20 meses practicando** para una misión espacial antes de ir al espacio.

Cada astronauta de la nave tiene un **trabajo diferente**.

El comandante dirige a los demás **astronautas**.

WT
1

Algunos astronautas son **pilotos**. Cada misión tiene al menos un piloto.

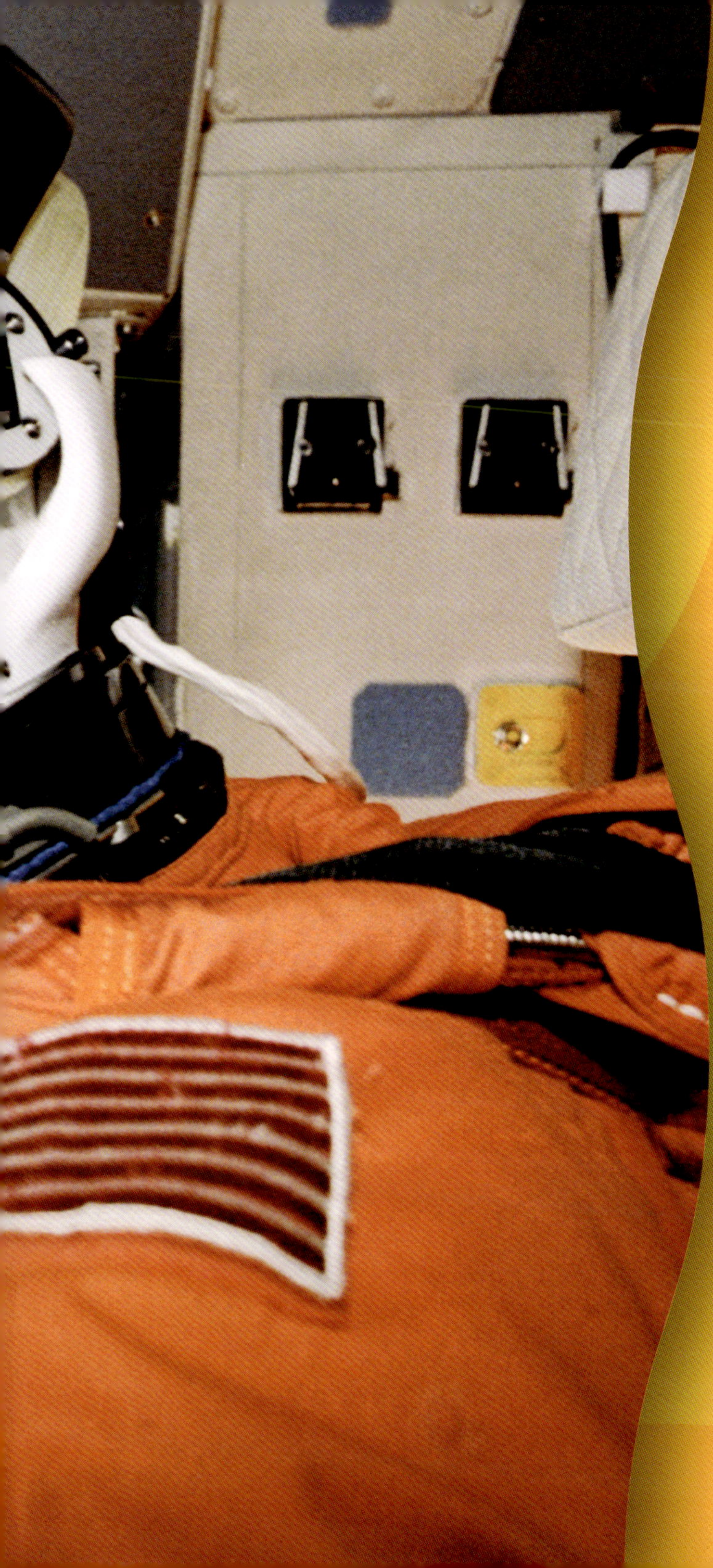

TIPOS DE ASTRONAUTAS

Comandantes

Especialistas en la misión

Especialistas en carga útil

Los astronautas recogen rocas y otros elementos. También toman **fotos** y las envían a la Tierra.

En el espacio, todo lo que no está sujeto, **flota**.

Los astronautas tienen que **dormir** atados a su cama.

Más de **600** astronautas han viajado al espacio.

Hubo **12** astronautas que caminaron en la **Luna**.

ASTRONAUTAS ESTADOUNIDENSES DESTACADOS

Neil Armstrong

Fue por primera vez al espacio en 1969.

Sally Ride

Fue por primera vez al espacio en 1983.

Scott Kelly

Fue por primera vez al espacio en 1999.

Una gran cantidad de personas observan el lanzamiento de los astronautas al **espacio**.

Muchas **naves espaciales estadounidenses** se lanzaron desde el Centro Espacial Kennedy de Florida.

DATOS SOBRE LOS ASTRONAUTAS

Estas páginas ofrecen información detallada sobre los interesantes datos de este libro. Están dirigidas a los adultos, como soporte, para que ayuden a los jóvenes lectores a redondear sus conocimientos sobre el espacio.

Páginas 4–5

Un astronauta es una persona que viaja por el espacio. La palabra astronauta viene del griego y significa "navegante de estrellas". Los astronautas rusos se llaman cosmonautas. En 1961, el cosmonauta Yuri Gagarin fue la primera persona en viajar al espacio. Su cápsula espacial orbitó la Tierra durante 89 minutos.

Páginas 6–7

En el espacio no hay aire. Los astronautas usan trajes espaciales para protegerse del calor, el frío y el polvo del espacio. Estos trajes están llenos de oxígeno para que los astronautas puedan respirar. Debajo del traje espacial, los astronautas usan un traje enterizo lleno de tubos refrigerantes.

Páginas 8–9

Los astronautas pasan 20 meses practicando para una misión espacial antes de ir al espacio. Para poder realizar el entrenamiento de astronauta, primero se debe tener un título universitario en ciencias, matemáticas o ingeniería. Una vez en el entrenamiento, se aprende sobre la tecnología espacial. El entrenamiento especializado instruye a los astronautas sobre la misión específica a la que han sido asignados.

Páginas 10–11

Cada astronauta de la nave tiene un trabajo diferente. El comandante dirige a los demás astronautas. La Administración Nacional de Aeronáutica y el Espacio (NASA) está a cargo de los viajes espaciales de los Estados Unidos. Cada nave espacial tripulada de la NASA lleva al menos cinco astronautas a bordo. El comandante es el responsable de la seguridad de la tripulación, la nave y la carga.

Páginas 12–13

Algunos astronautas son pilotos. El comandante y el piloto manejan la nave juntos. El piloto es la segunda persona al mando de la nave, después del comandante. Con frecuencia, el piloto ayuda con los experimentos científicos y la recuperación de los satélites. Los especialistas en la misión y la carga útil realizan tareas y experimentos científicos relacionados con la misión específica.

Páginas 14–15

Los astronautas recogen rocas y otros elementos. La tripulación realiza experimentos e investigaciones. Algunos astronautas han recolectado muestras del suelo y rocas lunares. Para recolectar muestras en el espacio, se han diseñado herramientas especiales hechas de acero y aluminio.

Páginas 16–17

En el espacio, todo lo que no está sujeto, flota. Contrariamente a lo que todos creen, los astronautas no pierden la gravedad en el espacio. Aun cuando la nave espacial está en el espacio, la gravedad los sigue atrayendo hacia la Tierra. Si las personas y las cosas no están sujetas, van dando tumbos por la nave como si estuvieran flotando.

Páginas 18–19

Más de 600 astronautas han viajado al espacio. Hay cerca de 20 países en el mundo que tienen programas espaciales importantes. Estados Unidos fue el primer país en poner a una persona en la Luna. Fue en 1969, cuando el astronauta Neil Armstrong bajó del Apolo 11 y caminó en la Luna.

Páginas 20–21

Una gran cantidad de personas observan el lanzamiento de los astronautas al espacio. Hasta hace unos pocos años, los astronautas solían introducirse en el espacio usando transbordadores espaciales. El programa de transbordadores de EE.UU. realizó 135 misiones entre 1981 y 2011, cuando se dejaron de usar los transbordadores. Todas las misiones se lanzan desde el Centro Espacial Kennedy de Florida.

Published by Lightbox Learning Inc.
276 5th Avenue, Suite 704 #917
New York, NY 10001
Website: www.openlightbox.com

Library of Congress Control Number: 2024933182

ISBN 978-1-5105-8523-2 (hardcover)
ISBN 978-1-5105-8524-9 (static multi-user eBook)
ISBN 978-1-5105-8526-3 (interactive multi-user eBook)

072024
112023

Printed in Guangzhou, China
1 2 3 4 5 6 7 8 9 0 28 27 26 25 24

Art Director: Terry Paulhus
Layout: Ana María Vidal
Project Coordinator: Sara Cucini
English/Spanish Translation: Translation Services USA

Every reasonable effort has been made to trace ownership and to obtain permission to reprint copyright material. The publisher would be pleased to have any errors or omissions brought to its attention so that they may be corrected in subsequent printings.

The publisher acknowledges Alamy, Getty Images, and Shutterstock as the primary image suppliers for this title.